Os Mistérios do Código Da Vinci

AMY WELBORN

OS MISTÉRIOS DO CÓDIGO DA VINCI

As Verdades que o Filme não Mostra

Tradução
ROSANE ALBERT

EDITORA CULTRIX
São Paulo

Título original: *The Da Vinci Code Mysteries.*

Copyright © 2006 Our Sunday Visitor Publishing Division, Our Sunday Visitor, Inc.

Todos os direitos reservados. Nenhuma parte deste livro pode ser reproduzida ou usada de qualquer forma ou por qualquer meio, eletrônico ou mecânico, inclusive fotocópias, gravações ou sistema de armazenamento em banco de dados, sem permissão por escrito, exceto nos casos de trechos curtos citados em resenhas críticas ou artigos de revistas.

Trechos da Bíblia extraídos da Bíblia traduzida por João Ferreira de Almeida, Imprensa Bíblica Brasileira, Rio de Janeiro, 3ª impressão, 1948.

Dados Internacionais de Catalogação na Publicação (CIP)
(Câmara Brasileira do Livro, SP, Brasil)

Welborn, Amy
  Os mistérios do Código Da Vinci : as verdades que o filme não mostra / Amy Welborn ; tradução Rosane Albert. -- São Paulo : Cultrix, 2006.

  Título original: The Da Vinci Code Mysteries.
  ISBN 85-316-0934-8

  1. Brown, Dan, 1964- - O Código Da Vinci - Crítica e interpretação 2. Jesus Cristo na literatura 3. Maria Madalena, Santa, na literatura 4. Santos cristãos na literatura I. Título.

06-2890   CDD-273

Índices para catálogo sistemático:
1. Cristianismo : História : Controvérsias doutrinais   273

O primeiro número à esquerda indica a edição, ou reedição, desta obra. A primeira dezena à direita indica o ano em que esta edição, ou reedição, foi publicada.

Edição	Ano
1-2-3-4-5-6-7-8-9-10-11-12	06-07-08-09-10-11-12

Direitos de tradução para a língua portuguesa
adquiridos com exclusividade pela
EDITORA PENSAMENTO-CULTRIX LTDA.
Rua Dr. Mário Vicente, 368 — 04270-000 — São Paulo, SP
Fone: 6166-9000 — Fax: 6166-9008
E-mail: pensamento@cultrix.com.br
http://www.pensamento-cultrix.com.br
que se reserva a propriedade literária desta tradução.

Impresso em nossas oficinas gráficas.

SUMÁRIO

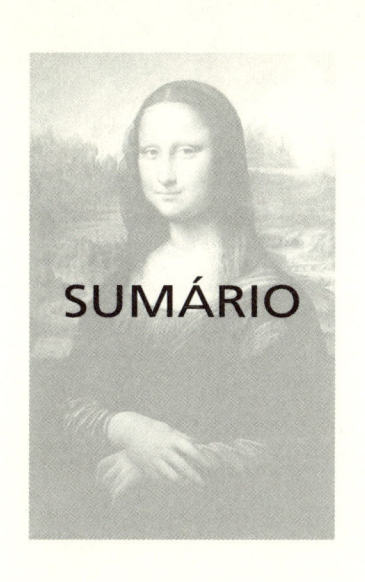

Introdução 7

- **um:** De Volta às Origens 11
- **dois:** O Priorado de Sião 21
- **três:** Opus Dei 29
- **quatro:** A História dos Primeiros Cristãos 41
- **cinco:** O Jesus "Verdadeiro" 51
- **seis:** Maria Madalena 61
- **sete:** Quem Era Leonardo? 73
- **oito:** A Igreja Católica: Fato e Ficção 85
- **nove:** A Resolução de Pequenas Questões 95
- **dez:** "A História Inteira é uma Ficção" 105

Epílogo 113

INTRODUÇÃO

O Código Da Vinci é um fenômeno global. O romance de Dan Brown vendeu dez milhões de cópias, gerando toda uma indústria de imitadores e detratores, e acabou nas mãos dos grandes de Hollywood — incluindo o diretor Ron Howard e o ator Tom Hanks —, contratados para a versão cinematográfica. Não é para ficar contente?

A resposta — para leitores e espectadores interessados em história, religião e arte — é "e muito". *O Código Da Vinci* é um misto de ficção e — de acordo com a sua primeira página — fato. É um suspense que serve de moldura para a apresentação de algumas "teorias" intrigantes sobre Jesus, Maria Madalena, a história dos primeiros cristãos e arte.

Isso não é nenhuma novidade, é claro. A ficção histórica faz isso o tempo todo, e outros romances já foram escritos sobre o tema de supostos segredos que a Igreja Cristã estaria determinada a suprimir. Mas há alguma coisa diferente em relação a *O Código Da Vinci*.

Por alguma razão, um número impressionante de leitores desse romance aceitou as teorias históricas que ele apresenta como sendo autorizadas e precisas. Como leitora e comentarista de *O Código Da Vinci*, posso afirmar que é isso o que acontece. Pode declarar o quanto quiser que "é somente um romance", mas a verdade é que muitos leitores realmente acreditam que estão diante de hipóteses históricas confiáveis quando lêem esse livro.

E, evidentemente, elas não são nada disso. Nenhuma das afirmações constantes em *O Código Da Vinci* — a ligação Jesus–Maria Madalena, o Priorado de Sião, o objetivo da arte de Leonardo — é aceita pelos acadêmicos. Também não se trata apenas de uma questão de crentes religiosos estarem "com medo da verdade", como às vezes se alega. Posso garantir que, se você for ao departamento de história da arte da universidade mais antiga do mundo e declarar que na *Última Ceia* João é na realidade Maria Madalena e que Leonardo fez isso porque queria transmitir a verdade sobre o Santo Graal, os professores vão rir de você. E como! Eles também fazem parte da conspiração de cristãos amedrontados? De modo algum.

Este livro responde a algumas das perguntas feitas com mais freqüência sobre as afirmações históricas em *O Código Da Vinci*. Mais detalhes estão expostos nos meus outros livros *Decodificando Da Vinci: Os fatos por trás da ficção de O Código Da Vinci* e *Decodificando Maria Madalena*.* Este livro também trata do material usado na transposição do romance para a versão nas telas; assim, se quiser mais informações sobre questões que ficaram fora do filme, consulte esses outros livros para saber mais a respeito.

Espero que este livro esclareça algumas confusões. Tenho a esperança de que ele incentive leitores e espectadores do filme, se estiverem interessados em Jesus e no Cristianismo primitivo, a aprender mais estudando obras confiáveis

---

* Publicados pela Editora Cultrix, São Paulo.

sobre esse assunto, em vez da pseudo-história extremamente ficcional que Dan Brown usou quando escreveu o romance.

Espero também, mais do que tudo, que leitores e espectadores que estiverem interessados em romances que se prendem a questões de fé e espiritualidade se inspirem e sigam para além de *O Código Da Vinci* — muito além dele — e experimentem ler alguns títulos que sugiro no Epílogo, livros escritos por autores que levam a fé a sério e que se agarram a ela com a habilidade, o talento e a reflexão que essa parte muito importante da vida merece.

um

DE VOLTA ÀS ORIGENS

1. O Código Da Vinci é um romance. Isso está claro?

Sim, está. Mas, surpreendentemente, e talvez infelizmente, milhões de leitores de *O Código Da Vinci* acabaram acreditando, por uma razão qualquer, que as afirmações que esse livro faz sobre a história refletem o trabalho real e a opinião de acadêmicos sérios. Não é verdade.

2. Quais são essas afirmações?

As mais importantes, e aquelas que passaram do livro para o filme, são:

- O que o Cristianismo fala a respeito de Jesus está errado.

- A história real de Jesus está nos escritos Gnósticos dos séculos III, IV e V.
- O Imperador Constantino suprimiu os escritos que retratavam o Jesus verdadeiro e encomendou novas versões.
- Jesus era casado com Maria Madalena.
- A união dos dois resultou no nascimento de uma criança.
- Maria Madalena era o verdadeiro "Santo Graal", como a única "portadora" do sangue de Jesus na forma da filha dele.
- Esse segredo foi protegido por um grupo chamado o Priorado de Sião.
- Leonardo da Vinci era um membro do Priorado de Sião e ocultou o segredo em códigos nas suas obras de arte.
- Opus Dei é uma "seita radical" dedicada a oferecer resistência a esse segredo.

3. De onde surgiram essas idéias?

Elas vieram de diversas fontes diferentes, a maioria das quais é citada por Dan Brown no seu livro ou no seu *website*. Nenhuma dessas fontes tem credibilidade entre os acadêmicos de história.

4. Quais são essas fontes?

As fontes mais importantes para *O Código Da Vinci* são:

- *Holy Blood, Holy Grail*, escrito por Michael Baigent, que é formado em psicologia, Richard Leigh, romancista, e Henry Lincoln, ator de televisão e produtor. A maior parte das idéias básicas — incluindo a noção do Priorado de Sião protegendo a linhagem de Jesus e Maria Madalena, a qual é violentamente combatida pela Igreja Católica — vem desse livro.

- *The Templar Revelation: Secret Guardians of the True Identity of Christ*, de Lynn Picknett e Clive Prince, que também são os co-autores de *Stargate Conspiracy: The Truth about Extraterrestrial Life and the Mysteries of Ancient Egypt*. Este livro forneceu a Brown o ponto de vista de Leonardo da Vinci.

- *The Woman with the Alabaster Jar: Mary Magdalen and the Holy Grail*, de Margaret Starbird. Starbird escreveu muitos livros sobre o casamento de Jesus e Maria

Madalena e sobre a sua posição próxima à condição de deusa, tanto quanto sobre a identidade dela e da filha, a quem deu o nome de Sara.

5. Como Dan Brown usa essas fontes?

Se você leu *O Código Da Vinci*, então sabe que o romance consiste de uma trama vaga envolvendo muitas cenas de perseguição e perigo iminente, emolduradas por longas conversas, em que as personagens explicam coisas umas para as outras. As afirmações históricas estão contidas nessas falas.

6. Algum autor reagiu ao fato de Brown ter usado essas fontes?

Dois dos autores de *Holy Blood, Holy Grail* — Baigent e Leigh — acionaram a Random House, a editora de *O Código Da Vinci*, nos tribunais londrinos, alegando violação de suas idéias — uma espécie de plágio.

Além disso, o escritor americano Lewis Perdue processou Brown e a Random House, alegando que o romance de Brown era um plágio do seu livro intitulado *Daughter of God*, publicado em 2001.

7. O que há de errado em usar essas fontes como base para um romance?

Nada. Os escritores podem criar suas obras da maneira como decidirem. Não temos uma opinião formada se o uso feito por Brown das obras citadas constitui um abuso ou plágio. Afinal, ele cita as obras.

(Entretanto, é preciso dizer que, se os autores de *Holy Blood, Holy Grail* realmente acreditavam que o que estavam apresentando eram apenas fatos históricos, eles não têm base para processar por plágio. Se eu escrevesse um livro sobre Abraham Lincoln e você em seguida apresentasse a sua própria biografia, eu não poderia processá-lo por ter dito que Lincoln foi assassinado por John Wilkes Booth. Haveria um caso de plágio somente se esses autores assumissem que o que escreveram é ficção e criação deles.)

Entretanto, o problema, como veremos ao longo deste livro, é que Brown deixa o leitor com a nítida impressão de que essas fontes são confiáveis como obras históricas. E elas não são. Existem muitos estudos sobre a história do Cristianismo primitivo e, é claro, nem todos os estudiosos compartilham da mesma interpretação sobre o período. Mas, mesmo entre as diversas visões cultas sobre Jesus, o Cristianismo primitivo, além das identidades de Maria Madalena e sobre o Santo Graal — sem deixar de mencionar o papel de Leonardo da Vinci e de um suposto "Priorado de Sião" em tudo isso —, as teorias propostas em *O Código Da Vinci* não desempenham nenhum papel.

É muito importante que se entenda isso. Você pode escolher qualquer estudioso do Cristianismo primitivo que não seja cristão e tenha uma posição cética com relação à história cristã de Jesus e perguntar a ele: "Então, havia realmente uma mensagem de Jesus sobre a união dos princípios masculino e feminino, e Ele realmente escolheu Maria Madalena para ser portadora da mensagem, e ela era o verdadeiro Santo Graal?", e eu quase posso jurar que o historiador vai dar uma grande gargalhada.

8. O que Brown deixou de fora?

Essa realmente é a questão mais importante. Se você estivesse tentando decifrar os mistérios de Jesus e do Cristianismo primitivo, provavelmente iria querer usar as fontes consideradas como as mais confiáveis. Se estivesse *mesmo* interessado em apresentar a história completa e explorar as possibilidades relacionadas com o que os estudiosos possam pensar que possa realmente ter acontecido, você faria isso. E que fontes seriam essas?

Acredite ou não, seriam os escritos dos próprios cristãos da Igreja primitiva.

Imagine isso.

Mas Brown não fez nada disso. Todos os textos do Novo Testamento foram escritos antes do fim do século I. Há outros textos valiosos de primeiros cristãos, inclusive sermões, ensinamentos e até mesmo preces que datam daqueles primeiros tempos. Eles dizem muitas coisas interessantes, mas Brown os ignora completamente.

9. Por quê?

Assim que você começa a ler esses textos do Cristianismo primitivo, a resposta fica clara. *O Código Da Vinci* é sobre um mistério. Trata de segredos supostamente ocultos durante centenas de anos, segredos que poderiam jogar por terra tudo o que sabemos. É isso que diz o *trailer* do filme, não é?

"Bem diante dos nossos olhos ... um segredo que poderia mudar o rumo da humanidade ... para sempre."

O problema é que, uma vez que você comece a comparar *O Código Da Vinci* com fontes mais confiáveis, vai descobrir coisas interessantes:

- Os segredos e mistérios de *O Código Da Vinci* não existem.
- A história real do Cristianismo primitivo certamente guarda questões não respondidas, mas a missão principal de Jesus não oferece nenhum mistério.

E *isso* é que é tão importante para lembrar com relação a *O Código Da Vinci* e seus "mistérios": O mistério não reside naquilo que está lá — mas naquilo que ficou *fora* do livro.

PARA MAIS INFORMAÇÕES...

Para mais informações sobre as fontes usadas em *O Código Da Vinci*, ver a Introdução e o Capítulo Um de *Decodificando Da Vinci: Os fatos por trás da ficção de O Código Da Vinci* (Editora Cultrix).

dois
O PRIORADO DE SIÃO

10. O que *O Código Da Vinci* diz sobre o Priorado de Sião?

Tanto no romance quanto no filme, o Priorado de Sião é o guardião do segredo do Jesus "verdadeiro" e protetor da linhagem de Jesus e Maria Madalena.

O livro contém uma folha de rosto intitulada "Fato", em que Dan Brown inclui o Priorado de Sião como uma "organização real" fundada em 1099. Ele diz que, em 1975, documentos que nomeavam a liderança desse grupo foram descobertos na Biblioteca Nacional da França.

O romance entra em mais detalhes, do mesmo modo que o filme. Como é descrito em

O Código Da Vinci, o Priorado de Sião é uma sociedade secreta fundada em 1099 por Godfrey de Bouillon. O grupo, com seu braço militar, os Cavaleiros Templários, foi fundado para guardar um segredo escondido e depois recuperado em Jerusalém.

Esse segredo, é claro, refere-se à identidade de Maria Madalena como companheira de Jesus, mãe da sua filha, fonte de uma espécie de princípio do "sagrado feminino" e matriarca da dinastia merovíngia.

11. Uma pergunta simples: Isso é verdade?

Uma resposta simples: Não.

Todo esse negócio de Priorado de Sião reflete as estranhezas que envolvem aquilo que é conhecido como "história esotérica", as suas primas, as "teorias conspiratórias", e a sua avó, a "fraude".

12. Qual é a história?

Há muitas, como sempre há quando se começa a pesquisar as chamadas sociedades secretas. E podem ficar muito enroladas e complexas. Mas, realmente, quando se trata do Priorado de Sião, o que você precisa saber basicamente é: Sim, havia um grupo francês chamado Priorado de Sião. Ele foi formalmente registrado perante o governo francês em 1956.

O problema é que esse foi o seu primeiro registro e o seu objetivo não tinha nada a ver com Cálices ou linhagens de qualquer época.

13. Então, o que era?

A força principal por trás do Priorado de Sião — que nunca teve mais do que alguns poucos membros — era Pierre Plantard. Personagem nebulosa cuja vida foi uma longa série de esquemas e trapaças, Plantard nasceu em 1920 e passou a maior parte dos anos 1930 e 1940 criando associações-fantasma para suas causas favoritas: restauração da monarquia francesa, simpatia pelo regime de Vichy e anti-semitismo. Ele passou algum tempo na prisão por ter deixado de registrar uma dessas associações e também por fraude.

Ele trabalhava como desenhista quando ele e seus amigos formaram o Priorado de Sião, também conhecido por seu acrônimo CIRCUIT (traduzido do francês como Cavaleiros da Lei e da Instituição Católica e da União Tradicionalista Independente).

O grupo trabalhava em dois níveis. Na prática, dedicava-se a firmar o direito de moradia a baixo custo para os habitantes locais. Mas, num plano mais exaltado, o grupo era uma típica sociedade esotérica pseudomaçônica, com graus de filiação e segredos de iniciação.

14. Por que se chamava "Priorado de Sião"?

Recebeu esse nome não com referência a "Sião" ou Jerusalém, mas por causa de uma montanha perto da cidadezinha de Plantard — Monte Sião, é claro.

15. De onde surgiu essa questão da linhagem?

Depois de ficar preso algum tempo, talvez por causa de uma atividade suspeita com uma menor, Plantard mudou-se para Paris, onde passou a ganhar a vida como médium.

Lá ficou sabendo de uma história do século anterior sobre um padre de uma pequena paróquia em Rennes-le-Chateau que obtivera uma fortuna aparentemente inexplicável. O padre alegava que tinha encontrado um tesouro, que poderia ser um tesouro material ou, quem sabe, segredos que o levaram até os círculos de poder da França. Ninguém conseguiu ter certeza de nada. O nome do padre era Saunière.

16. Saunière? Este não é o nome do assassino do curador em *O Código Da Vinci*?

Exatamente! Algumas pessoas ficaram especulando sobre essa escolha de Brown, já que ela demonstra que ele conhece a história — a verdadeira história do Priorado de Sião —, o que, por sua vez, põe em xeque a afirmação de que o relato sobre as origens mais antigas do grupo é um "fato", como sugere na primeira página do seu romance.

17. O que fez Plantard com essa história?

Trabalhando com um certo Philippe de Chérisey, Plantard criou uma nova história de fundo para o Priorado de Sião: que era um grupo, surgido no tempo das Cruzadas, dedicado a proteger o segredo descoberto em Rennes-le-Chateau. Qual era o segredo? Era que a linhagem merovíngia constituía a verdadeira família real da França, não os carolíngios ou os bourbons. O Priorado de Sião era o protetor desse segredo.

Com um sócio, Plantard criou falsos documentos para sustentar essa alegação, incluindo uma lista de "grão-mestres" do Priorado de Sião, uma lista que, naturalmente, incluía Leonardo da Vinci. Entre 1965 e 1967, Plantard e um amigo plantaram esses documentos na Biblioteca Nacional da França, onde foram "descobertos" por um outro cúmplice, Gérard de Sède, que escreveu um livro sobre o suposto segredo em 1967, *L'Or de Rennes* ("O Ouro de Rennes").

18. Como descobriram a verdade?

Nos anos 1980, de Chérisey revelou a verdade, e a fraude foi amplamente divulgada pela mídia francesa.

19. Não há nada sobre Jesus ou Maria Madalena nessa história. Por quê?

Esse elemento foi acrescentado por Henry Lincoln, ator e produtor de televisão, que descobriu a história de Plantard e enfeitou-a com o elemento "Jesus–Maria Madalena como o Graal", que se tornou a base de *Holy Blood, Holy Grail.*

20. O que aconteceu com Plantard?

Ele morreu em 2000, mas não sem antes tentar ressuscitar mais uma vez o Priorado de Sião, dessa vez de um modo mais geral, num estilo mais Nova Era, enfocando a energia emanada de uma montanha próxima a Rennes-le-Chateau.

21. A propósito, como foi que o padre Saunière ficou rico?

Numa investigação, o bispo de Saunière descobriu que ele tinha solicitado contribuições para missas por toda a Europa, a ponto de ter juntado um valor correspondente a cinco ou seis mil missas por ano.

Do começo ao fim, a história do Priorado de Sião é uma tapeação, uma fraude e uma fantasia. Para pessoas sensatas, isso deveria encerrar o capítulo sobre a suposta "história" contida em *O Código Da Vinci* de uma vez por todas.

22. Onde posso encontrar mais informações?

A central do Priorado de Sião na Internet está no *site*, sob a responsabilidade de Paul Smith: http://priory-of-sion.com. Ele contém linhas de tempo detalhadas e cópias de muitos documentos relevantes.

três
OPUS DEI

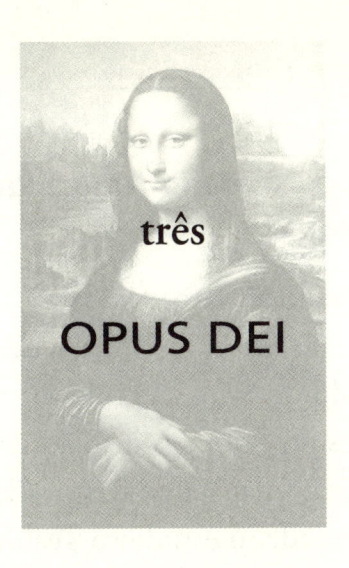

23. Qual o papel desempenhado pela Opus Dei em *O Código Da Vinci*?

Um papel nem um pouco decente. Em *O Código Da Vinci*, dois personagens principais são membros da Opus Dei: o Bispo Aringarosa, o cabeça da organização, e Silas, o famoso monge albino da Opus Dei.

Como história de fundo para a trama, um novo papa tinha deixado bem claro que gostaria de desmantelar a Opus Dei. O Bispo Aringarosa, procurando preservar o grupo, aceita a oferta de um misterioso "Professor" para obter uma informação que a Igreja presumivelmente preferiria manter em segredo. Dessa forma, o bispo pode, em essência, chantagear a Igreja para deixar que a Opus Dei continue a existir.

24. Qual o "segredo" que a Igreja quer manter?

O segredo, é claro, se refere a Jesus, Maria Madalena e ao Graal, e vinha sendo guardado pelo Priorado de Sião. O Professor quer que os grão-mestres do Priorado de Sião sejam mortos (porque, como mais tarde é revelado, o Professor é, na verdade, o estudioso Teabing, que deseja revelar a informação que o Priorado havia decidido manter em segredo). O bispo convoca o seu protegido, Silas, que faz o serviço sujo.

25. E daí? O que há de errado nisso? Não é apenas uma ficção?

Sim, *O Código Da Vinci* é ficção. Mas, nesse caso, usa uma organização que existe de verdade como um elemento da trama, acabando por descaracterizá-la e — eu me atrevo a dizer — difamá-la e caluniá-la.

26. Como! Não há monges albinos na Opus Dei?

De fato, não há nenhum monge nessa organização. Vamos começar do princípio.

O Código Da Vinci deixa a nítida impressão de que a Opus Dei é um culto que procura obter e conservar o poder dentro da Igreja Católica. É mencionado como uma "seita radical fundamentalista" que considera seus membros como os únicos cristãos verdadeiros. Isso simplesmente não é verdade.

27. O que é a Opus Dei?

Opus Dei é uma expressão latina que significa "Trabalho de Deus". Foi criada na Espanha em 1928 pelo padre Josemaría Escrivá. Escrivá (que foi canonizado como santo em 2002) desejava ajudar as pessoas laicas a viver realmente a sua fé no mundo. Ele queria que todas as pessoas entendessem que qualquer coisa que estivessem fazendo poderia ser o "Trabalho de Deus", se elas a encarassem desse modo. O enfoque da Opus Dei é ajudar os cristãos comuns a seguir Cristo mais de perto no próprio meio em que vivem.

28. Quantos membros ela tem? Quem são eles?

São aproximadamente 85 mil membros da Opus Dei espalhados pelo mundo. Cerca de 2% são padres e o restante é constituído de pessoas leigas. O corpo de membros da Opus Dei está dividido quase que igualmente entre homens e mulheres. Há cerca de 30 mil membros da Opus Dei nos Estados Unidos.

Os membros pertencem a diferentes níveis. *Supranumerários* somam cerca de 70% dos filiados da Opus Dei. São pessoas comprometidas com a formação espiritual e a disciplina oferecidas pela Opus Dei e que vivem no mundo — casados, se essa for sua vocação.

Os *numerários* são comprometidos com o celibato. Eles vivem nos centros da Opus Dei. Alguns trabalham no mundo, outros, patrocinados pela Opus Dei, devotam-se ao apostolado — educação, saúde e formação espiritual são os campos mais comuns.

Os padres da Opus Dei são membros da Priestly Society of the Holy Cross. Alguns padres associados à Sociedade são membros plenos dessa prelazia; outros são padres diocesanos que ficam filiados às suas dioceses, sob a autoridade do seu bispo, mas que tiveram sua formação espiritual providenciada graças à ajuda da Opus Dei em suas vidas espirituais e seus ministérios.

Portanto, a resposta é sim, o quadro de membros inclui leigos de todo o mundo, assim como padres e até mesmo bispos, mas não conta em absoluto com monges. Monges são membros de ordens religiosas monásticas, como os beneditinos ou cistercienses. A Opus Dei não é uma ordem religiosa.

29. Então, o que ela é?

Você está confuso. Isso não é de surpreender, já que *O Código Da Vinci* também é confuso, referindo-se ao grupo, em diferentes trechos, como "seita", uma "prelazia do Vaticano", uma "congregação" e até mesmo como uma "Igreja Católica". Brown acertou, entretanto, quando disse que a Opus Dei é uma "prelazia pessoal", embora tenha definido incorretamente essa expressão. De acordo com ele, isso significa que o grupo existe a serviço de uma pessoa, o papa, como seus "Executores da Fé", o que em absoluto não é o seu significado.

Os dois grandes tipos de princípios organizacionais dentro da Igreja são as dioceses e as ordens religiosas. A diocese é um território geográfico, com o mundo todo segmentado em dioceses católicas. O bispo de uma diocese — junto com os párocos da sua diocese — tem a responsabilidade de atender as necessidades espirituais e físicas dos católicos dessa diocese. É territorial.

As ordens religiosas não estão confinadas geograficamente (embora uma ordem religiosa precise da permissão de um bispo para começar o seu ministério numa diocese em particular). Elas são formadas de indivíduos que fazem seus votos — normalmente de castidade, pobreza e obediência — e cujo ministério segue um carisma particular. Assim, algumas ordens religiosas se dedicam à educação, aos cuidados com a saúde ou até mesmo à prece contemplativa.

Dá para perceber que a Opus Dei realmente não se encaixa nessas categorias. É uma organização de escopo internacional, portanto, não é territorial. Basicamente é constituída de leigos, que podem se comprometer com a formação espiritual oferecida pela Opus Dei, mas não fazem votos no mesmo sentido que os membros das ordens religiosas.

A fim de encontrar um meio de encaixar a Opus Dei na estrutura administrativa da Igreja, no começo dos anos 1960 a idéia de uma "prelazia pessoal" foi sugerida e, finalmente, aprovada. A Opus Dei é estruturada de tal forma que o prelado — o chefe — tenha autoridade não sobre o território (o que é normal), mas sobre as pessoas da associação.

30. Poderia me dar alguns exemplos do trabalho da Opus Dei?

O trabalho básico da Opus Dei é a formação espiritual pessoal. As pessoas que passaram a fazer parte da Opus Dei seguem um caminho espiritual particular nas suas preces, trabalhos de caridade e vida moral, que elas escolheram porque acharam que seria útil. *O Código Da Vinci* acusa a Opus Dei de arrogância, de declarar que o seu caminho é o único verdadeiro, mas simplesmente esse não é o caso. A vereda espiritual apresentada por Santo Escrivá e a Opus Dei é boa para uns e não serve para outros.

Paralelamente ao trabalho espiritual, muitos membros da Opus Dei se empenham no trabalho educacional e de saúde, além do ministério aos pobres. Essas escolas, hospitais e outras instituições não pertencem na verdade à Prelazia da Opus Dei, mas àqueles que criam esses estabelecimentos.

31. **Mas eu tenho ouvido falar que a Opus Dei exerce muito poder sobre a Igreja Católica. Isso é verdade?**

Não. De acordo com o jornalista John Allen, cujo livro *Opus Dei: Secrets and Power Inside the Catholic Church* traz uma visão bem objetiva e pesquisada sobre o grupo, de 4.564 bispos no mundo, 39 são membros da Opus Dei — 0,8%. De 2.500 pessoas que trabalham na Cúria Romana — escritórios da central administrativa da Igreja na Cidade do Vaticano —, 20 são membros da Opus Dei; dessas, apenas 3 ocupam cargos de chefia, e somente 1 está num escritório em que se faz algum tipo de política.

32. **E quanto à correia com farpas que Silas pôs em volta da perna? O que**

se pode dizer da autoflagelação? Ela faz parte da Opus Dei?

Certamente há alguma verdade nisso, mas é uma verdade que precisa ser vista dentro de um contexto.

O sacrifício é um elemento importante na fé cristã. Compreendemos que o amor de Jesus pelo mundo foi expresso mais profundamente por sua morte em sacrifício na cruz. Compreendemos que o amor verdadeiro envolve sacrifícios.

Soma-se a isso que o crescimento em santidade exige sacrifícios de toda a espécie. Por quê? Porque "santidade" é realmente um outro nome para o amor a Deus e ao nosso próximo. Ninguém cresce em amor sendo egoísta. Ninguém cresce espiritualmente indo atrás de quaisquer prazeres momentâneos. Isso não se refere exclusivamente ao Cristianismo. Se você ler qualquer um dos grandes mestres espirituais mundiais, eles lhe dirão exatamente a mesma coisa. O sacrifício é uma parte essencial da vida espiritual.

Os membros da Opus Dei conservam a sua verdade em mente ao se ocupar da vida diária. Eles são, como todos os cristãos, incentivados a sacrificar prazeres momentâneos e desejos em favor do amor.

Além disso, alguns usam métodos chamados por eles de "mortificação física" como um modo de ajudá-los a crescer em santidade, o que só é feito se um diretor espiritual concordar que isso pode ajudar.

Tanto o *cilício* — uma correia com farpas que é passada em torno da perna — quanto a "disciplina" — um pequeno bastão com cordas presas a ele — têm uma longa história na espiritualidade cristã. O seu uso afinal tem sua origem nas palavras de Jesus em Lucas 9:23, quando ele lembra os discípulos que a missão de segui-lo envolve, em parte, carregar uma cruz.

O uso desses meios de mortificação física é feito com a intenção de ajudar as pessoas a se livrarem do apego aos prazeres físicos. Isso não implica aversão ao corpo, mas o reconhecimento de que o fim último do corpo é: do mesmo modo que a alma, servir a Deus e seus filhos. Ao negarmos a nós mesmos — segue o pensamento —, ficaremos mais fortes quando chegar o momento em que formos chamados a nos sacrificar pelo bem do amor.

Como observamos antes, a mortificação física é encontrada na maioria das religiões do mundo, muitas vezes na forma de jejuns extremados ou mesmo em posições de prece difíceis e desafiadoras.

Adicionalmente, ela pode ajudar as pessoas modernas a entenderem realmente o conceito de "Sem dor, nada se ganha". Desejamos chegar a pesos heróicos, e sofremos muito — suportando a dor da fome e o trabalho de queimar gordura — para conseguir o corpo que queremos. Do mesmo modo, desde os tempos mais remotos, os seres humanos reconheceram que o sacrifício físico pode desempenhar uma parte daquilo que é necessário para alcançar a alma que desejamos.

33. Então, qual é a palavra final sobre a Opus Dei e *O Código Da Vinci*?

Deve ficar claro que a Opus Dei — um grupo de cristãos devotados e trabalhadores — ficou incrivelmente caluniada pela forma como foi retratada em *O Código Da Vinci*. O que nos deixa perplexos é por que Dan Brown e os produtores do filme, tendo a opção de inventar um grupo fictício que servisse aos propósitos do filme, escolheram uma organização real e então a difamaram, sem pedir desculpas.

PARA MAIS INFORMAÇÕES...

Ver website da Opus Dei em http://www.opusdei.org e o livro *Opus Dei: Secrets and Power Inside the Catholic Church*, de John Allen (Penguin).

quatro
A HISTÓRIA DOS PRIMEIROS CRISTÃOS

34. O Cristianismo começou há muito tempo. É muito difícil imaginar como Jesus era e o que ele disse e fez.

Sim, o Cristianismo começou há quase dois mil anos, mas, surpreendentemente, há muitos textos que sobreviveram para nos ajudar a ter uma boa idéia de como era o Cristianismo primitivo.

Evidentemente, existem enormes lacunas e grandes questões, sem deixar de mencionar a ambigüidade. É isso que mantém os historiadores em seus empregos. Entretanto, quando se considera que estamos falando sobre um movimento religioso relativamente pequeno que começou na esteira do Império Romano, que se reunia nas casas das pessoas e cujo fundador tinha sido executado como criminoso, é surpreendente o que sobreviveu além do século I: os Evangelhos, homilias e cartas de bispos e outros mestres, instrução moral e teológica, preces e mesmo algumas evidências litúrgicas e artísticas.

35. Sim, eu sei. Dan Brown usou muito disso para explicar a história do Cristianismo em *O Código Da Vinci*.

Na verdade, ele não fez isso. Essa é uma das coisas mais importantes para saber caso você esteja cometendo o erro de considerar o romance ou o filme como fonte confiável de informação histórica. Existem volumes e textos que, na verdade, sobreviveram a esse período. Brown não cita nenhum deles, nem mesmo as obras escritas numa época mais próxima àquela em que Jesus viveu.

36. Que textos eram esses?

As cartas de Paulo e os Evangelhos que se encontram no Novo Testamento. Os estudiosos acreditam, por exemplo, que o primeiro livro do que atualmente chamamos de Novo Testamento — a primeira epístola de Paulo aos Tessalonicenses — foi escrita por volta dos anos 57-58 d.C., pouco mais de vinte anos depois da morte de Jesus.

37. Mas... espere um pouco. *O Código Da Vinci* menciona evangelhos — os "Evangelhos Gnósticos". Eles existiram realmente, concorda?

Sim, realmente há textos que hoje são chamados de Evangelhos Gnósticos. Só que eles não nos falam nada de aproveitável sobre os primeiros dias do Cristianismo, ou sobre o ministério de Jesus, ou até mesmo sobre Maria Madalena.

38. Como é que você sabe?

Porque os livros que *O Código Da Vinci* cita como prova são datados de um período bem posterior aos textos do Novo Testamento. Eles datam do fim do século II — os mais antigos — ao início do século V.

39. Acho difícil acreditar nisso. Estamos falando de textos que foram escritos dois mil anos atrás. Não acredito que haja algum modo de distinguir os textos que refletem precisamente o que aconteceu daquilo que foi forjado nesses velhos documentos. Acho que você precisa apenas escolher um e seguir em frente.

Os historiadores discordariam — e veementemente. A datação de antigos textos envolve critérios e é sempre discutível, mas em geral há pouca ou nenhuma discordância quanto ao fato de que os textos gnósticos que Brown usa não nos trazem nenhuma informação histórica sobre o ministério de Jesus. Eles tratam de outra coisa.

40. Do que eles tratam?

Bem, eles tratam do Gnosticismo. Tratam de uma interpretação gnóstica de Jesus e seu ministério.

41. O que é Gnosticismo?

Gnosticismo era um movimento espiritual que existiu no antigo Oriente Próximo e no Império Romano, tendo florescido do século I ao V. O Gnosticismo era organizado, e as idéias gnósticas atingiram muitas tradições religiosas, inclusive o Judaísmo e o Cristianismo.

A crença gnóstica era diversificada, mas na maior parte do tempo ela girava em torno de dois pontos em comum: que o mundo material era ligado ao mal, e tinha sido criado por um ser maligno, e que o mundo espiritual era bom e tinha sido criado por uma divindade boa.

O objetivo da vida era liberar de dentro do seu corpo maligno a centelha espiritual aprisionada, para que desse modo pudesse chegar à vida eterna. Isso era feito por meio de rituais e o aprendizado de senhas que levariam a pessoa através de diversos planos depois da morte.

Como dissemos, há muito mais sobre o Gnosticismo do que foi dito aqui — e era um movimento diversificado —, mas isso é suficiente para começar.

42. Então, o que eram os Evangelhos Gnósticos?

O que alguns chamam de "Evangelhos Gnósticos" são apenas interpretações gnósticas de Jesus. Esses textos são completamente diferentes dos Evangelhos do Novo Testamento, tanto no conteúdo quanto no tom. Eles são claramente de um tempo e de um espaço diferentes, sem mencionar a diferença de perspectiva teológica.

43. De que modo eles são diferentes?

Os Evangelhos do Novo Testamento:

- São compostos de muitas histórias relacionadas com o ministério de Jesus: curas, parábolas, sermões, encontros com as pessoas. Elas eram variadas e detalhadas.
- Contêm relatos do seu nascimento de uma mulher e do seu sofrimento e morte.
- Transmitem a sensação de se tratar da vida real — as pessoas são falhas, cometem erros, lamentam suas ações.
- Concordam sobre a essência do ministé-

rio de Jesus: a pregação do Reino de Deus; o conflito com a autoridade religiosa judaica; a advertência aos que ficavam à margem sobre suas atitudes diante da Lei, e também sua declaração de que seria morto e ressuscitaria.

Os textos gnósticos:

- São quase todos diálogos entre Jesus e um ou mais apóstolos. Esses diálogos são prolixos e abstratos.
- Não contêm nenhum material sobre o nascimento de Jesus, seu sofrimento e morte, porque os gnósticos acreditavam que o corpo era do mal e que a existência humana material não poderia ser boa ou santa.
- São semelhantes a discursos feitos para apoiar uma filosofia predeterminada.
- Contêm uma teologia radicalmente diferente daquela que encontramos nos Evangelhos do Novo Testamento.

44. Tudo bem, mas eu gosto mais dos Evangelhos Gnósticos. Fico com eles.

Vá em frente. Mas saiba que, intelectualmente falando, a sua escolha não tem sentido. Se você estiver realmente interessado na verdade sobre a vida de Jesus e o seu ministério, irá, como todos os estudiosos sérios, começar com os textos do Novo Testamento.

45. Mas os Evangelhos Gnósticos poderiam ser precisos. Qualquer coisa é possível, não é verdade?

Não, não é. Jesus era uma pessoa de verdade que disse e fez coisas específicas. Embora nos séculos seguintes pessoas tenham discordado veementemente sobre o significado dessas palavras e dessas ações, e ainda que a decisão final sobre quem Jesus era é uma questão de fé, o fato é que os primeiros testemunhos são consistentes com relação à ênfase de Jesus na pregação e as linhas gerais da sua vida. A interpretação gnóstica, feita séculos depois, é diferente — e é baseada, não em acontecimentos históricos, mas em idéias gnósticas.

PARA MAIS INFORMAÇÕES...

Para saber mais sobre os textos gnósticos, ver Capítulo Um de *Decodificando Da Vinci: Os fatos por trás da ficção de O Código Da Vinci* (Editora Cultrix).

cinco

O JESUS "VERDADEIRO"

46. O que *O Código Da Vinci* diz sobre Jesus?

Tanto o romance quanto o filme afirmam que Jesus era um mestre puramente mortal com uma sabedoria divina. Alegam que o foco da sua mensagem, além do amor, era a reunião dos princípios masculino e feminino da realidade. Que ele incorporou esse ensinamento na sua vida ao se casar com Maria Madalena, a quem escolheu para levar a sua mensagem.

Alegam ainda que os cristãos não acreditavam que Jesus era divino, até que foram forçados a isso pelo Imperador Constantino em 325.

47. O que há de errado nisso?

Não há nenhuma evidência que apóie essa idéia. A melhor evidência que temos mostra consistentemente que Jesus pregou e ensinou dentro do contexto do Judaísmo do século I, usando os conceitos e imagens judaicos. Ele não falou de forças masculina e feminina na realidade. Nem mesmo com palavras ele definiu o amor. Ele falou sobre o Reino de Deus, sobre abandonar o pecado, depender de Deus e amar ao próximo.

E o material referente a Constantino está completamente fora de questão, como se pode perceber dando uma espiada rápida até mesmo num texto leigo.

48. Então, de onde veio essa visão de Jesus que aparece em *O Código Da Vinci*?

Veio, antes de tudo, de textos modernos como *The Woman with the Alabaster Jar*, de Margaret Starbird. Por sua vez, esses escritores extraíram suas interpretações de alguns textos gnósticos.

49. *O Código Da Vinci* diz que a sua versão é a do "verdadeiro" Jesus, e que os Evangelhos do Novo Testamento foram criados para que a verdade fosse impedida de aparecer.

Isso, evidentemente, é bobagem. O núcleo da crença cristã sobre a identidade e missão de Jesus foi consistentemente articulado desde os tempos dos primeiros escritos sobre Jesus, os quais, de acordo com eles mesmos, basearam-se na coleta de testemunhos da vida dele. Paulo, por exemplo, conheceu alguns apóstolos de Jesus e aprendeu com eles, além de fazer parte das comunidades cristãs que tinham sido ensinadas e formadas por eles. Os seus textos refletem uma clara crença de que Jesus era o Filho de Deus, e esses escritos datam da metade do século I.

50. Dan Brown parece afirmar que tudo isso era fruto da política, que essa história — favorecendo Pedro — foi escolhida porque a história de Maria Madalena como líder era

muito radical. O partidários de Pedro queriam o poder.

Mais uma vez, isso não faz o menor sentido, e não há nada que o apóie. O processo de seleção dos livros para o cânone das Escrituras não constitui nenhum mistério — e, a propósito, a maior parte desse processo aconteceu muito tempo antes de Constantino entrar em cena.

Por volta do início do século II, os escritores cristãos cujas obras sobreviveram citam reiteradamente Mateus, Marcos, Lucas e João como os relatos mais autorizados a respeito do ministério de Jesus. Por quê? Porque "abafaram" a história de Maria Madalena?

Não, porque — e isso é o que *eles mesmos dizem* — esses são os relatos que têm as ligações mais próximas com os apóstolos e cujo conteúdo está mais perto daquilo que os apóstolos ensinavam sobre Jesus. Em resumo, eles refletem o que aconteceu. É por isso que são vistos como os mais autorizados. É isso que significa a palavra *autorizado*.

A teoria do "poder" também não tem lógica por um simples motivo: Se os "partidários de Pedro" que "selecionaram os Evangelhos" fizeram isso para prejudicar Maria Madalena, então fizeram um trabalho muito malfeito, considerando que todo o relato da Ressurreição gira em torno da presença e do testemunho dela.

51. E com relação a Constantino?

O Código Da Vinci faz duas afirmações principais sobre Constantino:

1. Que ele foi o responsável por selecionar os quatro Evangelhos canônicos e descartar o resto. (Já vimos que isso não é verdade.)
2. Que, até o reinado de Constantino, os cristãos não acreditavam na divindade de Jesus, e que ele impôs essa crença para a cristandade como forma de apoiar o seu próprio reinado, mantendo-se como único governante do império.

Essa segunda alegação é tão absurda quanto a primeira. Os procedimentos do Concílio de Nicéia, quando tudo isso supostamente aconteceu, foram registrados na ocasião, e eles não são secretos. A Bíblia não estava em foco — já que os livros do cânone já tinham sido amplamente estabelecidos por essa época.

Não, esse concílio estava voltado para a identidade de Jesus. Havia uma heresia denominada arianismo que estava ganhando popularidade. A heresia de Ário ensinava que Jesus não era completamente divino e, em vez disso, que ele era uma espécie de semidivindade filha de Deus. Essa heresia estava dividindo a Igreja; assim, Constantino convocou o concílio para que os bispos pudessem tratar do assunto. A resposta deles foi definir cuidadosa e o mais extensamente possível o que significava dizer que Jesus era tão completamente humano quanto divino. O fruto do trabalho deles está no Credo de Nicéia.

Finalmente, a história de "Constantino impondo a divindade de Jesus" não faz sentido em nenhum ponto, já que temos quase trezentos anos de textos precedendo o Concílio de Nicéia que mostram vividamente o que os primeiros cristãos pensavam de Jesus. Eles o veneravam como o Senhor e acreditavam que, por intermédio da sua morte e ressurreição, tinham sido salvos do pecado.

O "sagrado feminino" não é, o que não é nada surpreendente, nem mesmo mencionado.

52. *O Código Da Vinci* **diz que a divindade de Jesus foi votada nesse concílio. Essa é uma estranha forma de se chegar a uma doutrina. O que pareceria provar a afirmação de que se tratava tudo de uma questão política.**

De jeito nenhum. Antes de tudo, o "voto" que estava sendo colhido no concílio não se referia à divindade de Jesus, mas tratava da condenação das idéias de Ário e de uma asserção positiva sobre o que o testemunho apostólico de Jesus significava. O voto era sobre o conteúdo do que agora chamamos de Credo de Nicéia, sobre se esse transmitia um senso acurado da fé testemunhada pelos apóstolos e preservada nos Evangelhos e na Tradição: 316 bispos votaram "sim" e 2 votaram "não". O voto não era nem mesmo secreto, e não era um voto na divindade de Jesus, na qual, de qualquer forma, todos os cristãos já acreditavam havia séculos.

53. Mas aqueles textos gnósticos refletem uma outra visão de Jesus que poderia ser igualmente legítima?

Bem, aqueles textos realmente refletem algo: isto é, as visões de hereges gnósticos, que reformularam a história de Jesus que havia sido transmitida pelos apóstolos para adequá-la à sua própria filosofia. Mas seus escritos não têm nada a ver com o que Jesus realmente disse e fez no século I.

54. O que mais está errado na figura de Jesus apresentada em *O Código Da Vinci*?

Muita coisa, é claro, mas um dos pontos mais interessantes que deve ser observado em *O Código Da Vinci* é como Jesus é completamente afastado do seu contexto como judeu. É claro que o seu casamento com Maria Madalena é apresentado como a união de duas linhagens reais judaicas, mas é só.

Jesus era um mestre judeu do século I. Ele ensinou em sinagogas, prestou culto em sinagogas, e a mensagem dele, como apresentada nos Evangelhos, tem mais sentido quando você entende o contexto — toda a história do relacionamento de Deus com Israel, como é relatada no Velho Testamento ou Escrituras Hebraicas.

É uma questão muito interessante. Por que Dan Brown despiu Jesus do seu contexto judeu teológico, espiritual e histórico? A que possível propósito isso serviria?

Há também um contra-senso fundamental no âmago de tudo isso. *O Código Da Vinci* gira em torno da idéia de "provar" que Jesus era "apenas" humano e nem um pouco divino. Mas, então, eles nos pedem para acreditar que Maria Madalena era uma espécie de presença divina e uma deusa. No fim do filme, nos vemos diante de uma cena que sugere que Sofia, como descendente de Jesus, tinha algum tipo de poder divino. Se alguma coisa em tudo isso fizer sentido para você, parabéns. Ou, os nossos pêsames. O que você preferir!

PARA MAIS INFORMAÇÕES...

Para saber mais sobre a vida de Jesus e seu ministério, ver Capítulos Três e Quatro de *Decodificando Da Vinci: Os fatos por trás da ficção de O Código Da Vinci* (Editora Cultrix).

seis
MARIA MADALENA

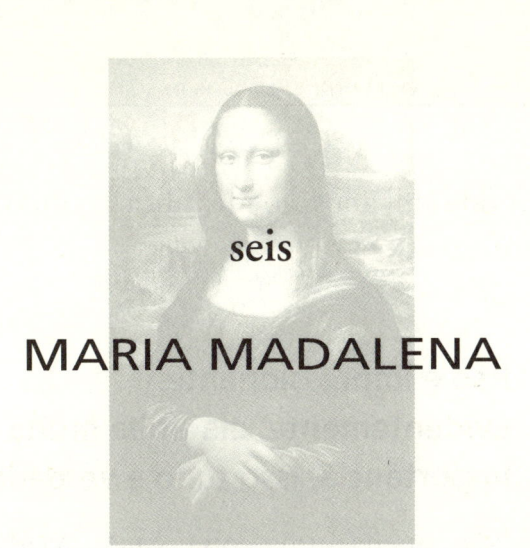

55. O que *O Código Da Vinci* diz a respeito de Maria Madalena?

Muitas coisas — algumas contraditórias e a maioria pura fantasia.

De acordo com *O Código Da Vinci*, Maria Madalena era uma mulher de sangue real discípula de Jesus, sua mulher ou amante, e que deu à luz uma filha dele.

Ela era a discípula que Jesus queria que liderasse o seu movimento.

Ela era o verdadeiro "Santo Graal".

Ela era a corporificação do ideal do "sagrado feminino" e, de fato, uma espécie de deusa.

A sua imagem e influência foram degradadas, demonizadas e abafadas pela Igreja Católica por dois mil anos, ao identificá-la como uma prostituta.

56. Isso é impressionante. Evidentemente, ela tinha muita importância. Isso tudo é verdade?

Não, apenas uma coisa: Maria Madalena era, realmente, uma discípula — uma seguidora — de Jesus. Quanto a isso, não há dúvida.

57. Mas nada mais? Como você sabe?

Do mesmo modo que sabemos de qualquer coisa que tenha ocorrido no passado — as evidências não apóiam o resto.

58. *O Código Da Vinci* usa evidências, evidências que provam todas essas questões que envolvem Maria Madalena.

Nós já tratamos da fragilidade das "evidências" usadas em *O Código Da Vinci*. O mesmo se aplica sobre o que essas "evidências" dizem sobre

Maria Madalena. Vamos abordar as questões uma a uma. Mas, antes, vamos enumerar rapidamente o que sabemos sobre Maria Madalena:

- Maria Madalena é mencionada diversas vezes nos Evangelhos. Em primeiro lugar ela é apresentada por Lucas (8:1–3), quando é descrita como alguém que fazia parte do grupo das mulheres que acompanhava Jesus e os apóstolos, "que os serviam com os seus bens". Ela é descrita especificamente como uma mulher de quem Jesus expulsou sete demônios.
- Ela não é mencionada novamente até o final dos Evangelhos. Relata-se a sua presença junto da cruz, com outras mulheres, inclusive Maria, mãe de Jesus (Mateus 27:55–56; Marcos 15:40–41; Lucas 23:49 [como uma das mulheres "da Galiléia"]; João 19:25).
- Em todos os Evangelhos, Maria Madalena está entre as primeiras testemunhas do túmulo vazio e do Cristo Ressuscitado: (Mateus 28:1–10; Marcos 16:1–11; Lucas 24:1–11; João 20:1–18).

É só. Isso é tudo o que conseguimos extrair dos Evangelhos, os quais, você deve se lembrar, foram escritos poucas décadas depois dos acontecimentos que descrevemos.

59. Então, o que isso nos conta sobre Maria Madalena?

Isso nos conta que ela era uma figura importante no Cristianismo primitivo, uma mulher tão grata a Jesus por aquilo que ele fizera por ela que abandonara tudo para segui-lo. Ela tinha fé e era corajosa também.

60. Mas *O Código Da Vinci* diz que ela era também a mulher de Jesus. Teabing, a personagem do estudioso, até mesmo diz que a idéia é amplamente aceita entre os historiadores.

Não é. Não há nenhum historiador sério do Cristianismo primitivo que acredite que Jesus e Maria Madalena eram casados.

61. Talvez o fato não fosse mencionado porque era escandaloso, ou porque os outros primeiros cristãos não quisessem que isso fosse conhecido.

Essa é mais uma hipótese comum, mas é falha em diversos pontos:

- Os Evangelhos são todos muito diretos ao nomear os parentes de Jesus e até mesmo comentam sobre o seu relacionamento às vezes instável com eles. Se ele tivesse uma mulher, não haveria razão para não mencioná-la também.
- Não teria havido nenhum "escândalo" no fato de Jesus ser um homem casado. Embora houvesse sem dúvida a tradição judaica dos profetas não se casarem, ser casado era normal. Repito, os judeus do século I não teriam razão para esconder isso.

62. Então, de onde veio essa idéia?

De dois lugares. Em primeiro lugar, desses livros de pseudo-história que mencionamos no primeiro capítulo. Todos eles sugerem algum tipo de relacionamento entre Jesus e Maria Madalena.

Em segundo lugar, nos textos gnósticos que discutimos no capítulo quatro, Maria Madalena é descrita em alguns trechos como "companheira" de Jesus e de ter sido beijada por ele "na boca". Alguns intérpretes modernos usam essa expressão para significar um relacionamento de cunho sexual.

63. Como poderia significar qualquer outra coisa?

Facilmente:

- Lembre-se, os textos gnósticos não refletem — há uma concordância geral em relação a isso — os acontecimentos do século I; em vez disso dão interpretações desses acontecimentos sob uma perspectiva gnóstica, séculos depois.
- Por isso, o papel desempenhado por personagens individuais nesses textos deve ser visto mais em termos simbóli-

cos do que históricos. Assim, a preeminência de Maria Madalena reflete a ênfase em alguns (mas não em todos) sistemas gnósticos sobre o gênero como uma metáfora para a realidade espiritual. Deve também refletir a hostilidade gnóstica voltada contra o Cristianismo ortodoxo, que remonta sua autoridade a Pedro e aos Doze.

- Para ser ainda mais específico, as passagens citadas em *O Código Da Vinci* não são nem de perto tão ambíguas quanto Brown quer fazer acreditar. A palavra grega que traduzimos como "companheira" nesse texto nunca é usada como sinônimo para "esposa" nos outros textos gregos.
- O "texto do beijo", do *Evangelho Gnóstico de Filipe*, é obscuro. O texto está danificado e, na realidade, não diz "na boca". Além disso, nos textos gnósticos, uma ação desse tipo seria simbólica — de Jesus dividindo a sua sabedoria com Maria.

64. Bom, então isso nos leva à próxima questão. Então, eles não eram casados. Esses textos mostram que ela era uma discípula privilegiada e que os outros apóstolos, principalmente Pedro, tinham ciúmes dela.

É isso mesmo. E numa outra obra gnóstica, *Pistis Sophia*, os apóstolos são descritos como estando enciumados de Maria, a mãe de Jesus. É estranho que os intérpretes modernos ignorem esse ponto.

Como dissemos anteriormente, os textos gnósticos não refletem a história do século I, e sim as preocupações e interpretações dos gnósticos dos séculos III, IV e V.

65. E com relação ao Santo Graal?

Um enorme trabalho de estudo e pesquisa sobre a história e a mitologia do Santo Graal tem sido feito. Não há a menor indicação, em séculos de conhecimento sobre o Graal, que alguém, em nenhum lugar, jamais o tenha associado a Maria Madalena. Essa é uma invenção do século XX.

66. Mas certamente a imagem de Maria Madalena sofreu no Cristianismo. É o que diz *O Código Da Vinci*.

Mais uma vez, quanto a isso é melhor usar a lógica fria:

- Se os "partidários de Pedro" redigiram e selecionaram os textos que temos hoje do Novo Testamento, e se quiseram demonizar Maria Madalena por meio desse processo, então eles trabalharam mal. Se esse era o objetivo deles, por que deixaram Maria Madalena no centro da principal história cristã — a ressurreição de Jesus?
- Maria Madalena é venerada como santa pela Igreja Católica. No século V, ela era freqüentemente retratada em obras de arte, mencionada nos sermões e teve hinos compostos em sua homenagem. No século VIII, o dia de sua festa foi estabelecido: 22 de julho, que é a mesma data comemorada pela Igreja atualmente.
- Ela era, depois da Santíssima Virgem Maria, a santa mais popular da Idade

Média. Igrejas levavam o seu nome, seus santuários eram locais de peregrinação muito populares, ela era uma personagem muito freqüente nas encenações dos mistérios medievais, e estava sempre presente na arte.

Esse é um modo estranho de demonizar uma pessoa.

67. Entretanto, ela foi rotulada de "prostituta" e as Escrituras não afirmam isso a seu respeito. Isso me parece demonizar.

Não foi assim. Maria Madalena acabou sendo identificada como prostituta ou, pelo menos, como uma mulher cujos pecados tinham sido de natureza sexual quando alguns escritores, confusos com o número de Marias e mulheres pecadoras anônimas nos Evangelhos, começaram a imaginar se todas não seriam uma só e a mesma pessoa.

Em 591, o Papa Gregório, o Grande, pregou uma homilia em que levantou essa questão, acabando por juntar várias figuras do Novo Testamento: Maria Madalena, uma mulher descrita como "pecadora" que foi perdoada por Jesus em Lucas 7, e Maria, a irmã de Marta e de Lázaro. Essa identificação permanece por séculos na Igreja Ocidental, embora a Igreja Ortodoxa Oriental jamais tenha seguido essa orientação, mantendo as mulheres separadas em seu calendário litúrgico e em suas lendas.

68. Então, Gregório pretendia diminuir a importância de Maria Madalena quando ele fez isso?

De jeito nenhum. Se você ler a homilia em questão, vai perceber, antes de tudo, que a fusão dessas figuras foi uma tentativa honesta de elucidar uma certa confusão existente e responder a algumas questões. Em segundo lugar, Gregório não condenou Maria Madalena! Na verdade, foi o inverso. Gregório manteve Maria Madalena como modelo para todos os seus ouvintes: do mesmo modo como ela tinha deixado que o perdão amoroso de Jesus entrasse na sua vida e a mudasse, eles também poderiam fazer a mesma coisa.

Esse também foi o padrão de como a devoção católica considerou Maria Madalena nos séculos subseqüentes. Ela foi celebrada e mantida como modelo tanto para as mulheres quanto para os homens, como aquela que tinha usufruído das bênçãos do arrependimento e do perdão — uma mostra, não de condenação, mas de esperança.

PARA MAIS INFORMAÇÕES...

Para saber mais sobre Maria Madalena, ver *Decodificando Maria Madalena* (Editora Cultrix).

sete
QUEM ERA LEONARDO?

69. Segundo *O Código Da Vinci*, quem era Leonardo da Vinci?

O romance e o filme *O Código Da Vinci* apresentam Leonardo, antes de tudo, como um grão-mestre do Priorado de Sião. Já que o Priorado de Sião foi criado por um grupo formado em 1956 por um francês desajustado que tinha uma tendência para a conspiração, isso é obviamente impossível.

Isso só já seria suficiente para pôr *O Código Da Vinci* no seu lugar. O material de Leonardo é extraído de *The Templar Revelation*, um livro que mencionamos no primeiro capítulo, cujos autores também escreveram livros sobre OVNIs.

Não conseguimos estabelecer o nosso posicionamento de modo suficientemente forte: *os historiadores ligados à Arte estão mundialmente horrorizados com o impacto que* O Código Da Vinci *provocou na visão dos leitores, particularmente em relação a Leonardo e à arte em geral.* Nessa obra, Leonardo é mal interpretado e caricaturado, e todo um trabalho delicado, fascinante e sutil de interpretação e avaliação artística é jogado fora para que se possa ir atrás de "códigos" ocultos num quadro.

Aparentemente, nada mais restaria para ser dito. Mas, para alguns, o *fato* de que o Priorado de Sião não existia; a *conclusão lógica* de que, portanto, as afirmações sobre Leonardo são falsas; e o *testemunho consistente* dos historiadores de arte sobre a falsidade das afirmações sobre arte feitas em O *Código Da Vinci*, surpreendentemente não são suficientes. Eles ainda "acreditam". Eles insistem ainda que a figura à direita de Jesus *deve ser* Maria Madalena. Por quê? Porque leram isso em O *Código Da Vinci*.

70. No que mais *O Código Da Vinci* estava errado a respeito de Leonardo?

Em primeiro lugar, Dan Brown insiste que, em parte, foi inspirado a escrever esse romance por sua mulher, que, diz ele, é uma historiadora da arte. Ele povoa seu romance com "experts" discutindo a vida e o trabalho de Leonardo. O problema é que todos eles se referem ao artista como "Da Vinci", que, é claro, não era o seu nome, mas o lugar de onde ele vinha — Vinci, uma cidadezinha da Toscana.

Parece uma insignificância, mas não é. Seria de se esperar, de alguém que afirma que está dizendo a "verdade real" sobre um sujeito, que esse indivíduo antes se informasse a respeito de coisas básicas como o nome correto da pessoa em questão. Se você procurar no índice de um livro de arte, ou numa enciclopédia, a entrada para o artista, ela nunca vai estar em "d" ou "V", mas em "L" — e o escritor *nunca* vai se referir a ele como "Da Vinci", mas como "Leonardo".

Brown também descaracterizou a vida e a carreira de Leonardo. Disse que ele era um "homossexual assumido", quando de fato quase nada se conhece sobre a vida romântica de Leonardo. Em 1476, muito jovem, ele e mais quatro outros rapazes foram acusados anonimamente de ligações homossexuais. Foram todos absolvidos. Esse incidente não faz dele um "homossexual assumido".

Brown caracteriza Leonardo como pintor, basicamente de assuntos religiosos. Ele escreveu que Leonardo tinha uma enorme "produção de estupendas obras de arte cristã", "centenas" de encomendas do Vaticano (*O Código Da Vinci*, p. 55). Isso está muito, muito errado.

Para começar, Leonardo *não* era basicamente um pintor. Sim, ele pintava, mas o grosso do seu trabalho envolvia projetos e estudos científicos. Ele fez algumas obras religiosas e, para ser exato, uma encomenda para um papa: Leão X. Ele passava a maior parte do tempo ocupado com experimentos científicos.

71. E quanto à religião de Leonardo?
O Código Da Vinci **diz que ele era um devoto adorador da natureza e que isso era considerado como**

um "estado permanente de pecado" pela Igreja.

Essa é uma outra leitura equivocada da história. Afinal, se Leonardo fosse considerado um pária pela Igreja, por que o Vaticano iria lhe fazer "centenas" de encomendas que *O Código Da Vinci* diz que fez (e que na verdade não fez), ou até mesmo a única que ele realmente recebeu?

Leonardo, afinal, deixou diários volumosos, preenchidos com uma escrita de trás para a frente. Pela leitura deles, podemos ter alguma noção das suas crenças religiosas.

Os textos de Leonardo certamente não mostram que ele pensava como os cristãos tradicionais, completamente afinado com os ensinamentos da Igreja Católica. Mas, por outro lado, lembre-se que isso se passa na época da Renascença. Era um período de tremenda fermentação intelectual, à medida que os europeus redescobriam as formas e paradigmas da arte e do pensamento da Grécia e da Roma antigas. Havia um grande interesse pelo mundo natural e um crescente envolvimento dos artistas com ele, já que trabalhavam para representá-lo com precisão.

É um erro, entretanto, pensar que essa atividade tenha permanecido em oposição à Igreja Católica. Não foi isso o que aconteceu. A Igreja era, de fato, o local básico da atividade intelectual durante esse período, e muitos dos que estavam profundamente mergulhados nesse envolvimento — até mesmo com a herança da cultura pagã, clássica — eram clérigos.

Leonardo definitivamente acreditava em Deus. Examinando sua ciência e sua arte, parece que ele buscava basicamente Deus por meio do estudo e da representação do que Ele havia criado. Leonardo não era um cristão praticante e, como muitas pessoas daquela época, era profundamente anticlerical.

Mas Leonardo não era um "adorador da natureza", devoto ou não, e não era considerado um pecador pelos líderes da Igreja que, de fato, encomendaram um trabalho seu.

72. ***O Código Da Vinci* alega que Leonardo deu o nome à Mona Lisa como uma forma de comunicar o seu comprometimento com os**

ideais andróginos do Jesus verdadeiro, ao fazer anagramas dos nomes de uma deusa e de um deus egípcios.

Não havia Priorado de Sião e nenhuma menção na Renascença à possibilidade de que o ensinamento de Jesus se referisse ao "sagrado feminino". Portanto, isso não é possível.

Se você ainda está em dúvida, pense nisto: *Não foi Leonardo quem deu nome a esse quadro.* Nem mesmo o mencionou em seus volumosos diários. Só foi chamado de "Mona Lisa" anos depois, por um biógrafo de Leonardo.

73. E com relação ao quadro *A Última Ceia*?

Sim, e quanto a ele? Há muita coisa errada que Brown declarou sobre esse quadro, e vamos esclarecer isso detalhadamente. Mas, em primeiro lugar, com o risco de ficar entediante, por favor, lembre-se disso: Brown alega que Leonardo ocultou "códigos" sobre o "verdadeiro" relacionamento de Jesus e Maria Madalena nesse quadro porque fazia parte do Priorado de

Sião, que era o guardião desse segredo. *Não existia o Priorado de Sião. Portanto, isso não pode ser verdade.* (Sem mencionar, mais uma vez, que Maria Madalena não desempenha nenhum papel em qualquer relato ligado ao Santo Graal desde a Idade Média até a Renascença, o período de Leonardo.)

Mas, uma vez mais, já que esse tipo de lógica simples não funciona para todos, seremos ainda um pouco mais específicos. Vamos nos concentrar na descrição da figura polêmica.

74. Você se refere à figura chamada "João", mas que na realidade é Maria Madalena?

Sim, essa mesma — embora seja, na verdade, João.

A interpretação de Brown repousa no fato de que essa figura não tem barba e apresenta, para alguns, um "aspecto feminino". Portanto, deve ser realmente uma mulher.

Essa afirmação mostra uma profunda falta de compreensão da representação artística. Durante esse período, o apóstolo João era quase sempre retratado dessa forma — jovem, sem barba e atraente. Ele é retratado de acordo com um "tipo" — o "Estudante". Para afirmar que o modo como João foi retratado na *Última Ceia* indica que Leonardo estava tentando retratar Maria Madalena, seria necessário acreditar que todos os outros artistas da Renascença estavam tentando fazer a mesma coisa.

Há muitas coisas mais que estão erradas na interpretação de Brown, mas esperamos que isso seja suficiente para esclarecer o que a realidade — e não a fantasia — diz sobre essa obra.

75. E quanto às outras obras?

A argumentação de Brown também erra em relação a quase todas elas. O aspecto mais notável e cômico é a descrição que ele faz da versão de Leonardo de *A Virgem dos Rochedos* que está no Louvre. A descrição do conteúdo do quadro está errada, mas o mais ridículo é a descrição do que Sophie Neveau faz com o quadro.

Na sua fuga do Louvre no começo do romance, Sophie usa *A Virgem dos Rochedos* como escudo e ameaça danificá-lo. O romance a descreve segurando o quadro à sua frente e envergando a tela com o joelho.

A Virgem dos Rochedos tem quase dois metros de altura e está encaixada numa moldura de madeira pesada. Repito, *O Código Da Vinci* errou — a cena descrita é, falando francamente, impossível.

76. Então, qual é a importância disso?

Isso importa porque é mais um exemplo dos erros que entulham essa obra. Não existe "poderia ser" com relação a nada do que foi escrito. Brown errou quanto à arte e errou da mesma forma ao construir a trama. Como disse um professor de arte certa vez ao ouvido desta autora: "As pessoas me dizem o quanto aprenderam sobre arte com *O Código Da Vinci*. Digo a elas simplesmente que não aprenderam nada de arte com *O Código Da Vinci*!"

PARA MAIS INFORMAÇÕES...

Para saber mais sobre os erros em *O Código Da Vinci* com relação a Leonardo, ver Capítulo Oito de *Decodificando Da Vinci: Os fatos por trás da ficção de O Código Da Vinci* (Editora Cultrix).

oito

A IGREJA CATÓLICA: FATO E FICÇÃO

77. O que *O Código Da Vinci* diz sobre a Igreja Católica?

Ele tenta abordá-la de dois modos. No romance, a Igreja é constantemente criticada por oprimir as mulheres e abafar a verdade. Mas há diversas observações esparsas positivas sobre as obras de caridade exercidas pela Igreja e, no final, é revelado que Teabing, o "Professor", é o "verdadeiro" vilão da história, e não a Igreja.

Mas o efeito geral é muito negativo, uma impressão que foi transposta para o filme, porque a conclusão a que o leitor ou o espectador é induzido a chegar é a de que a *Igreja Católica é inimiga da verdade*.

78. Como se chega a isso?

Por tudo aquilo que tratamos até agora neste livro. *O Código Da Vinci* assegura que o Jesus encontrado nos Evangelhos não é o Jesus "verdadeiro". Que o Jesus "verdadeiro" é o que se encontra nos textos gnósticos.

Portanto, o que *O Código Da Vinci* nos diz é que a Igreja é responsável por suprimir a verdade.

79. O que há de errado com essa visão?

Ela faz supor que não há nenhuma razão lógica para privilegiar os Evangelhos e o testemunho apostólico da vida e do ministério de Jesus que eles contêm. De acordo com ela, essa tradição foi "escolhida" para servir a propósitos políticos.

E, como vimos, isso simplesmente não tem sustentação nem lógica.

80. Por que não tem lógica?

Porque, caso se tratasse de histórias de escolhas que tivessem um objetivo político, os primeiros líderes cristãos teriam feito um trabalho muito malfeito, já que escolheram a história que acabou por levá-los à expulsão de suas comunidades judaicas e ainda os fez ser perseguidos pelo Império Romano.

Se o enredo que envolve Maria Madalena em *O Código Da Vinci* fosse verdadeiro, *essa* história não teria causado *problemas* aos primeiros cristãos. Havia muitos movimentos inspirados pela sabedoria dos mestres no Império Romano e nenhum deles foi perseguido. As mulheres estavam envolvidas em diversas religiões e tradições espirituais e não havia nenhum escândalo em torno disso.

Mas não foi isso o que aconteceu. A história cristã, desde sua primeira aparição, mantém um tema coerente: que, por meio de Jesus, Deus entrou no mundo de um modo novo e radical. Esse homem foi executado como um criminoso, mas ressurgiu dos mortos. Há um só Deus, e ninguém mais — nenhum imperador no mundo — pode ser cultuado como divino.

Por persistirem nessa "história", eles próprios foram perseguidos, presos e executados. Esse é um comportamento muito estranho para pessoas que procuram o poder político.

81. Mas a Igreja rejeitou os textos gnósticos, não é verdade? Isso não é repressão?

Não. É a rejeição a uma falsidade.

Os primeiros séculos da história cristã foram cheios de intensa discussão teológica. Por exemplo, como podemos ver pela leitura do Novo Testamento, os primeiros cristãos acreditavam que Jesus era o "Senhor" e o cultuavam, mas o que isso significava precisamente em termos teológicos ou filosóficos era, sem nenhuma surpresa, obscuro. O que *significa* dizer que Jesus é Senhor? Há um só Deus — como, então, podemos explicar o sentido claro de que o Pai, o Filho e o Espírito Santo são todos divinos?

Acrescente a isso o fato de que o Cristianismo cresceu num contexto judaico. Quando entrou em contato com filosofias e visões de mundo pagãs, era preciso fazer um trabalho para que a verdade que os apóstolos tinham discernido em Jesus fizesse sentido para os novos ouvintes.

Finalmente, diante de uma realidade tão misteriosa, havia a tendência para diversas explicações alternativas, e essa era a situação nos primeiros séculos. Por exemplo, alguns pensadores concluíram que Jesus era completamente divino, mas não totalmente humano, e que o seu corpo era uma espécie de fantasma (docetismo). Outro movimento ensinava que Jesus não era completamente divino, mas um tipo de semideus (arianismo). Ou, então, alguns acreditavam que ele tinha sido adotado por Deus como seu Filho num momento crucial — na ocasião do seu batismo no Jordão, por exemplo (adocionismo).

82. Certo, existiam opiniões diferentes. O que há de errado com isso? Por que a Igreja se preocupou com isso?

Porque a verdade é importante.

Ao refletirem sobre todos esses sistemas diferentes (heresias), os pensadores cristãos e professores perceberam que em cada um deles faltava alguma coisa. Empregando o que tinha sido trazido pelo testemunho apostólico da vida e do ministério de Jesus, que lemos nos evangelhos e vemos refletido em outros textos primitivos, eles viram que cada uma dessas "alternativas" era falha em algum ponto. Ao enfatizar uma verdade — por exemplo, que Jesus era completamente divino —, eles perdiam uma outra, igualmente importante — neste caso, a indiscutível humanidade de Jesus.

Assim, quando essas heresias surgiram, os cristãos tiveram que lidar com elas. E essas idéias que se revelaram deficientes — isto é, que não englobavam toda a verdade sobre quem Jesus era — foram rejeitadas e, sim, condenadas.

Por quê? Porque se as pessoas seguissem essas idéias, poderiam se afastar da verdade sobre Jesus — tão misteriosa e cheia de tensão como pode ser algumas vezes — que tinha sido levada por aqueles que foram testemunhas verdadeiras da vida e do ministério dele.

Isso não é suprimir a verdade, mas sim *proteger a verdade*.

83. E quanto a todas aquelas feiticeiras? *O Código Da Vinci* diz que a Igreja Católica matou cinco milhões delas durante a Idade Média.

Ele diz isso realmente, e mais adiante diz que aqueles cinco milhões de pessoas não eram feiticeiras, mas estudiosos, ciganos, místicos, amantes da natureza e até mesmo parteiras.

Cinco milhões. *Isso é muita gente.*

84. Mas isso é verdade? Foi isso que aconteceu?

Não. Você precisa saber antes de tudo que essa não é uma questão ignorada pelos historiadores. Há um bom volume de pesquisas reais feitas em torno dessa questão, e o que se segue é a conclusão geral delas.

Entre os anos 1500 e 1800 (um período que vai além da Idade Média), houve aproximadamente quarenta mil execuções por feitiçaria na Europa e nos Estados Unidos. Vinte por cento das pessoas executadas eram homens. Alguns eram acusados por entidades católicas, outros por protestantes e a maioria pelos governantes.

Um estudioso fez uma pesquisa extensiva num único período — os anos entre 1550 e 1630 — na França, Suíça e Alemanha, países que estavam mais envolvidos no turbilhão e na tensão do período pós-Reforma.

A maioria das mulheres condenadas como feiticeiras eram pobres e vistas com maus olhos, e foram denunciadas não por autoridades religiosas, mas por seus vizinhos. Mais da metade das acusadas era absolvida, e a pesquisa mostra que nenhuma delas foi afinal executada sob a acusação de praticar alguma religião pagã centrada na mulher.

Essas execuções eram, é claro, o reflexo de uma mentalidade completamente diferente, além de serem trágicas e injustas. Mas ainda vale a pena observar que a alegação de que "cinco milhões" de mulheres foram executadas como feiticeiras pela Igreja Católica é totalmente inventada.

85. O que mais está errado em *O Código Da Vinci* em sua polêmica com a Igreja Católica?

Existe muita discussão girando em torno das origens da iconografia e dos sacramentos cristãos no romance, sob uma abordagem totalmente incorreta. A maior parte disso não foi levada para o cinema; por isso, não vamos discutir essas questões aqui.

Entretanto, o que permanece consistente no filme é essa estranha caracterização do passado e do presente que é quase um cumprimento indireto ao catolicismo.

Ao longo de *O Código Da Vinci*, a "Igreja Católica" é apresentada como única fonte de todas as reflexões e ensinamentos relacionados com Jesus. A crença na divindade de Jesus é apresentada como uma falha particular da Igreja Católica.

O que é estranho, porque, evidentemente, não são só os católicos que acreditam na divindade de Jesus. A Ortodoxia Oriental e as Igrejas Protestantes seguem a mesma orientação. Não é só a Igreja Católica que aceita os quatro Evangelhos do Novo Testamento como autorizados. *Todos* os cristãos fazem a mesma coisa.

Além disso, como vimos, os protestantes, por sua vez, fizeram muitas caças a hereges e queima de bruxas. Os bispos católicos não tiveram nada a ver com o que aconteceu em Salém, Massachusetts, no século XVII.

Entretanto, por alguma razão estranha, apesar das crenças compartilhadas pelos cristãos, não é o "Cristianismo" que *O Código Da Vinci* identifica como réu, o inimigo das "verdadeiras" intenções de Jesus, mas somente a Igreja Católica.

De certa forma, é uma gentileza o fato de *O Código Da Vinci* evidentemente encarar a Igreja Católica como a base do Cristianismo.

Mas, por outro lado, não é. Não passa de um anticatolicismo simples, ignorante e malicioso, que já vimos e com o qual, sem dúvida, iremos nos deparar outra vez.

PARA MAIS INFORMAÇÕES...

Para saber mais sobre as questões tratadas neste capítulo, ver Capítulos Sete e Dez de *Decodificando Da Vinci: Os fatos por trás da ficção* de *O Código Da Vinci* (Editora Cultrix).

nove

A RESOLUÇÃO DE PEQUENAS QUESTÕES

86. E com relação às mulheres?
***O Código Da Vinci* sugere que, até a chegada do Cristianismo, as mulheres eram cultuadas e veneradas. O Cristianismo introduziu o patriarcado e a sorte das mulheres mudou para sempre.**

Há muita mitificação nesse roteiro. É mais uma assombrosa supersimplificação da realidade histórica.

Mas também não é incomum. O que *O Código Da Vinci* pegou foi a idéia — divulgada por meio da história e da espiritualidade populares, especialmente no correr das quatro décadas passadas — de que antigamente o "sagrado feminino" era amplamente reverenciado e que o misterioso relacionamento da mulher com a natureza era o centro de energia da espiritualidade.

87. E não era?

Aparentemente, não. No final do século XIX, alguns pesquisadores criaram e difundiram a hipótese de um antigo período em que se venerava a "Deusa Mãe", quando as mulheres não só eram vistas como iguais aos homens, mas também, em algum nível, eram cultuadas de forma exclusiva. As conclusões estavam baseadas em interpretações de achados arqueológicos como figuras de mulheres grávidas e aberturas de caverna que foram interpretadas por alguns como semelhantes ao útero. Alguns afirmaram que esse período foi suplantado pelos indo-europeus que varreram a Terra e substituíram a Deusa Mãe pelo deus guerreiro e o patriarcado.

Recentemente, a ambígua natureza desses artefatos e a descoberta de — sim — armas, além de fortes indicações da existência da divisão de trabalho tradicional baseada nos sexos em muitos desses mesmos sítios arqueológicos (que foram usados para formar a hipótese da Deusa Mãe), levaram à conclusão de que não havia, afinal, nenhuma evidência que sugerisse que isso algum dia tivesse existido.

88. E quanto ao culto de ambos, deuses e deusas? *O Código Da Vinci* dá grande importância a isso.

Sem dúvida. Dan Brown deixa claro que ficou contente por trazer à luz essa "história secreta" do antigo culto prestado a deuses e deusas.

O problema é que isso não era segredo, não importa o que ele diga a respeito.

Certamente, as religiões pagãs tinham divindades masculinas e femininas que eram cultuadas. Algumas delas — muito poucas — até mesmo incluíam rituais de fertilidade. Brown, entretanto, conclui que, por causa disso, essas sociedades eram igualitárias (um igualitarismo que foi destruído pelo patriarcado) e que os rituais de fertilidade consistiam da reunião dos princípios masculino e feminino de forma real.

Ele está errado nas duas avaliações. Antes de tudo, é preciso apenas considerar as antigas culturas grega, romana, africana ou asiática que envolviam o culto de deusas. Essas sociedades eram igualitárias? Claro que não, e a ironia é que o *Cristianismo* se tornou historicamente responsável pela elevação da condição da mulher nessas culturas.

Em segundo lugar, os ritos de fertilidade, em sua maioria, serviam a propósitos mais mundanos do que à androginia espiritual: fertilidade das plantações, do gado e dos seres humanos, como o nome indica.

89. Mas a Igreja Católica reprimiu a espiritualidade das mulheres, não é?

Vamos ser realistas. Já falamos o quanto Santa Maria Madalena era popular. Se você conhece um pouquinho da história cristã, então sabe que existem muitas santas, mulheres que têm sido reverenciadas e veneradas, tanto por homens quanto por mulheres, por sua santidade e por terem servido aos outros.

E, finalmente, devemos levar em conta uma importante figura que *O Código Da Vinci* ignora propositalmente: Maria, a mãe de Jesus.

Quando se considera a importância da Santíssima Virgem Maria na espiritualidade católica e então se pensa que alguns cristãos de outras denominações criticam o catolicismo por depositar ênfase *em excesso* sobre Maria, é possível perceber o quanto *O Código Da Vinci* está afastado desse assunto.

Evidentemente, Brown ignora Maria e a profunda espiritualidade feminina que ela representou no catolicismo durante centenas de anos. Ele precisava fazer isso ou, de outro modo, o seu argumento como foi apresentado perderia toda a razão de ser.

90. E a Igreja de Saint-Sulpice? O que se refere a ela é real?

Sim, ela realmente fica em Paris e, sim, existe a "Linha Rosa" mencionada em *O Código Da Vinci*. O problema é que, sem que haja qualquer surpresa nisso, as origens e a função da Linha Rosa estão desvirtuadas. O romance e o filme declaram que a Linha Rosa — uma fina tira de cobre incrustada no piso — é de origem pagã e aponta para os segredos do Graal escondidos na igreja.

É claro que tudo isso é falso — não existe nenhum segredo do Graal escondido na igreja, e o "P" e o "S" sobre um dos vitrais não se referem ao Priorado de Sião, mas sim a Pedro e Sulpício (Sulpice), os dois santos padroeiros da igreja.

O Código Da Vinci sugere que a linha possuía algum tipo de implicação pagã. A freira que toma conta da igreja a descreve como um "obelisco... um dispositivo astronômico pagão".

É como descrever o teorema de Pitágoras como uma idéia pagã. Há inúmeras noções, conceitos e instrumentos que emergiram das culturas "pagãs", mas isso não significa que o seu uso implica a devoção a religiões pagãs. Mas essa é a implicação da declaração feita do livro.

Não, o que acontecia é na verdade muito mais interessante: a "Linha Rosa", gnômon, ou como era mais comumente chamada, *meridiana*, fazia parte de muitas igrejas grandes durante os séculos XVII e XVIII. Por quê? Porque naqueles dias em que o interesse pela ciência estava aumentando, mas antes do desenvolvimento de grandes telescópios com os quais fosse possível tirar medidas precisas, descobriu-se que as igrejas podiam ser realmente bem úteis nesse aspecto.

Como? Colocando uma linha numa determinada posição no chão e, então, fazendo um buraco no teto, os movimentos da Terra em volta do Sol podiam ser acompanhados com um simples raio de sol infiltrado no buraco que, conforme o ano avançava, seguia um trajeto ao longo do piso. O raio de sol tocava determinados pontos nos solstícios e equinócios, permitindo que os observadores não só ampliassem o seu conhecimento das relações entre a Terra e o Sol, mas para determinar com precisão a data da Páscoa.

Essas igrejas — que incluem não somente Saint-Sulpice, mas também Santa Maria degli Angeli em Roma, em que a *meridiana* foi construída sob as ordens de ninguém menos do que o papa — eram, em essência, os primeiros observatórios solares. Nada mau para uma Igreja "dedicada" a desencorajar a busca pelo conhecimento e pela verdade.

Talvez a palavra final sobre isso deva ser dada àqueles que *verdadeiramente* tomam conta de Saint-Sulpice, que colocaram uma placa em resposta à enchente de visitantes provocada pelo *O Código Da Vinci*:

Contrariamente às alegações fantasiosas de um romance recente, este não é um vestígio de um templo pagão. Nenhum templo dessa espécie jamais existiu neste local. Nunca foi chamada de "Linha Rosa". Ela não coincide com o traçado do meridiano que passa pelo meio do Observatório de Paris, que serve como referência para mapas em que as longitudes são medidas em graus a Leste ou Oeste de Paris. Nenhuma noção mística pode ser extraída disso.

91. E os Cavaleiros Templários?

Sim, eles também estão em *O Código Da Vinci*. São descritos como o braço militar do Priorado de Sião, que foi destruído sem piedade pelo Papa Clemente V.

Há uns 2% de acerto nessa história, e todo o resto está errado.

Os Cavaleiros Templários eram, verdadeiramente, um grupo militar — uma das diversas "ordens militares" formadas durante a Idade Média. Seus membros faziam votos, inclusive o de pobreza, seguiam um regime espiritual especial e se comprometiam com uma tarefa específica.

Nessa condição, os Cavaleiros Templários começaram, no século XII, como um pequeno grupo organizado para proteger os peregrinos cristãos que iam a Jerusalém contra o assédio e ataque dos muçulmanos. Logo se tornou um grupo relativamente pequeno mas eficiente de guerreiros que lutavam nas Cruzadas.

Os cavaleiros também estabeleceram um sistema bancário, fruto do seu voto de pobreza. Os novos membros doavam seus bens e valores para a ordem. As economias os capacitavam então a dar empréstimos, primeiramente aos peregrinos em trânsito na Terra Santa e, finalmente, também a outras pessoas.

O declínio dos Cavaleiros Templários teve sua origem no seu envolvimento com o banco, e foi acelerado, não pelo papa, mas pelo rei francês Filipe, o Belo. A situação era complicada, mas, em essência, Filipe estava determinado a tirar dos cavaleiros os seus bens e o seu poder. Foi ele, e não o papa, quem ordenou as prisões e execuções.

Além disso, o Papa Clemente V realmente iniciou uma investigação sobre os Cavaleiros

Templários, na qual não se descobriu praticamente nenhuma heresia. Em 1312, o papa subjugou os cavaleiros e lhes ordenou que se desfizessem dos seus bens, mas ele agiu assim motivado pelo escândalo e prejuízo causados à ordem pela guerra travada contra ele por Filipe, o Belo. O "massacre" ocorrido na sexta-feira 13 de 1307 é uma outra distorção. Nesse dia, os membros dos Cavaleiros Templários de toda a França *foram* presos, pelo rei francês, não pelo papa. Não houve massacre, mas julgamentos subseqüentes em que os cavaleiros foram acusados de crimes que, ironicamente, Filipe havia imputado ao Papa Bonifácio VIII, em sua luta pelo poder com o pontífice.

Não ocorreu exatamente o enredo simples apresentado em *O Código Da Vinci*. Mas, agora, isso não deveria surpreender você nem um pouco.

PARA MAIS INFORMAÇÕES...

Para saber mais sobre as questões discutidas neste capítulo, ver Capítulos Seis e Nove de *Decodificando Da Vinci: Os fatos por trás da ficção de O Código Da Vinci* (Editora Cultrix).

dez

"A HISTÓRIA INTEIRA É UMA FICÇÃO"

92. Tudo isso parece recair no modo como se vê a História, não é?

Sem dúvida. Logo no começo do filme *O Código Da Vinci*, a personagem Robert Langdon declara, em voz monótona, que *a História inteira é uma ficção*. Esse é um tema constante que percorre o romance e o filme e cujo entendimento pode ser levado em duas direções:

- Que nunca podemos dizer o que *realmente* aconteceu no passado porque tudo é vivido através do prisma da interpretação pessoal.
- Que os acontecimentos do passado são registrados pelos "vencedores", que têm

um interesse político ao promover a sua versão dos fatos. Entretanto, a versão igualmente válida vivida pelos "derrotados" se perde.

Na divulgação do seu romance, Dan Brown diz isso explicitamente:

"Desde que se começou a registrar os acontecimentos, a História tem sido escrita pelos 'vencedores' (os sistemas de sociedades e crenças que conquistaram e sobreviveram). Apesar de haver uma óbvia distorção nesse método de relato, ainda medimos a "precisão histórica" de um dado conceito ao examinar o quanto ele contribui para o nosso registro histórico existente. Muitos historiadores acreditam agora (como eu mesmo) que, ao estimar a precisão histórica de um determinado conceito, precisamos antes nos fazer uma pergunta mais profunda: Até que ponto a própria História é historicamente precisa? (www.danbrown.com/novels/davinci_code/faqs.html)

93. E isso não é verdade?

Como é freqüente no caso de *O Código Da Vinci*, a resposta é sim *e* não.

Os historiadores precisam, é claro, levar em conta toda a sorte de fontes de todos os lados para reconstituir os acontecimentos do passado. As interpretações históricas mudam conforme aprendemos mais — vamos pegar como exemplo as verdadeiras causas da queda do Império Romano ou as origens da Guerra Civil Americana.

Mas não é sobre esse tipo de disputa e de argumentação — sobre o *porquê* de alguma coisa ter acontecido — que Brown está falando. Ele está sugerindo que *o que* lemos a respeito de um fato histórico deve ser naturalmente suspeito.

Bem, de certa maneira isso é necessário, porque há na verdade muita ambigüidade com relação ao passado, e há sempre coisas novas para aprender.

Mas a implicação do que Brown diz é que o relato fundamental das origens do Cristianismo está sendo posto em xeque porque a sua História foi escrita pelos "vencedores" — pode-se presumir os "partidários de Pedro", sobre o qual ele escreve tantas vezes, a facção determinada a rebaixar Maria Madalena. Toda a trama dele é baseada nesta premissa: que a Igreja suprimiu a verdade sobre o Cristianismo primitivo.

De fato, a conclusão tanto do romance quanto do filme *O Código Da Vinci* aponta de volta para o primeiro nível de questionamento que levantamos: Você quase chega a imaginar as pessoas dando de ombros e um "seja lá o que for" ecoando no ar. Ei, Maria Madalena *poderia ter sido* esposa e deusa ... ou não.

Esse questionamento surge com freqüência nas discussões sobre *O Código Da Vinci*, e é o que lhes dá importância. As pessoas dizem: "Não podemos saber o que *realmente* aconteceu. Foi há muito tempo. As fontes são muito escassas. Pessoas diferentes interpretam os acontecimentos de formas diferentes. A História é escrita pelos vencedores. Então, quem sabe?"

Agora, vamos pensar a respeito da última conclusão, ou seja: *Que o passado é totalmente desconhecido e que qualquer coisa pode ser verdadeira. Ou nada. Você pode escolher qualquer versão que vai estar tudo bem.*

Isso é um absurdo.

94. Mas há um elemento de interpretação na História, não há?

Sem dúvida. E certamente é difícil algumas vezes discernir a realidade do que aconteceu. Mas isso não significa que *qualquer coisa pode ser o certo*. E essa é a conclusão de *O Código Da Vinci*: A História inteira é uma ficção.

Vamos examinar o Cristianismo primitivo, já que esse é o tópico em questão. É realmente verdade que toda aquela época se constitui num mistério total e que ninguém sabe nem mesmo o que Jesus realmente fez ou disse?

Claro que não. E vimos no capítulo quatro que os relatos do ministério de Jesus — o que ele disse ou fez — são coerentes naquelas primeiras fontes, escritas apenas poucas décadas depois dos acontecimentos que elas descrevem.

A questão toda é essa, e é muito importante: Os historiadores realmente interpretam a vida e o ministério de Jesus de modos diferentes. Há disputas e discordâncias com relação a inúmeras questões — Qual era o relacionamento de Jesus com o Judaísmo da sua época? Quais eram exatamente as esperanças e intenções dele com relação ao movimento que estava começando, e será que ele tinha mesmo a intenção de começar um movimento? O que era esse "Reino de Deus" que Jesus pregava?

Mas o que *O Código Da Vinci* passa é a noção de que o ministério de Jesus era essencialmente voltado para a reunião dos princípios masculino e feminino, e que Maria Madalena era a sua esposa e sucessora — desculpe, amigo, mas isso não está entre as questões em discussão. Isso é *ficção — toda construída pela conspiração de pseudo-historiadores do século XX.*

Assim, não cabe nenhum "poderia ter sido" em relação a isso.

95. E quanto à "História ter sido escrita pelos vencedores"? Os "vencedores" católicos não poderiam ter simplesmente suprimido a verdade?

Eis o que acontece: Não existe nenhum grande mistério sobre quais são as interpretações alternativas dos primeiros cristãos sobre Jesus que seguem contra a corrente. Muitos de seus textos críticos sobreviveram. Nós relatamos as disputas no capítulo sobre o Gnosticismo (Capítulo Quatro: A História dos Primeiros Cristãos) — elas eram mais ligadas a interpretações teológicas sobre a natureza de Jesus e a definição da Trindade durante aqueles primeiros séculos, a maioria delas girando em torno de questões filosóficas.

O problema é que temos uma compreensão muito boa da dinâmica de desenvolvimento das primeiras idéias cristãs — no que eles acreditavam e a que heresias eles respondiam. Pesquise na Internet por "Early Christian Fathers" e "Pais dos Primeiros Cristãos" ou "Patristics" e "Patrísticos" e você vai ter uma noção excelente sobre isso. Em nenhum lugar, nem mesmo nas disputas com os gnósticos, existe alguma sugestão do conflito que Brown — e as obras nas quais seu livro se baseia — descreve.

Simplesmente isso não aconteceu.

96. Não é possível provar a divindade de Jesus a partir disso, como você bem sabe.

Eu não estou tentando fazer isso, mesmo que muitas pessoas dêem um salto totalmente ilógico, partindo da tentativa de esclarecer o que os primeiros cristãos acreditavam sobre Jesus para aquilo que você, agora, deve acreditar sobre ele.

Mostrar que as testemunhas mais confiáveis do ministério e da vida de Jesus o viam como "Senhor" e o cultuavam é apenas a descrição de uma realidade histórica. Não "prova" que ele é divino — que é, na verdade, uma decisão que nós mesmos tomamos, baseados nas evidências.

97. Ainda estou cético.

Isso não é uma coisa ruim. A única coisa à qual você precisa ficar atento é: Você é igualmente cético em circunstâncias semelhantes? Ou o seu ceticismo é *maior* quando se trata de discutir a história cristã do que quando, digamos, o assunto é a história de Roma no mesmo período?

Se for assim, você se deve perguntar o porquê disso.

EPÍLOGO

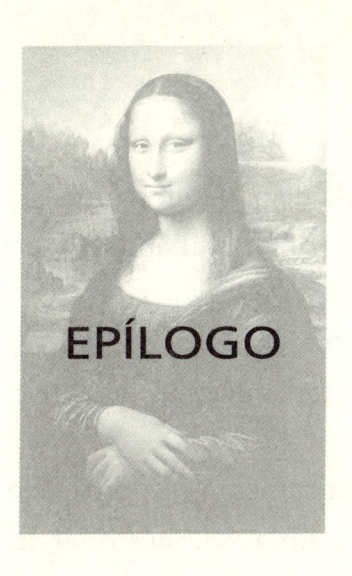

Enquanto eu viajava pelos Estados Unidos falando sobre *O Código Da Vinci*, as mesmas perguntas pareciam pipocar repetidamente. Muitas foram aproveitadas neste livro, mas há ainda mais três questões gerais que merecem um capítulo, breve e final, só para elas.

98. Devo ler o livro e assistir ao filme *O Código Da Vinci*? Todos estão falando a respeito e eu preciso estar preparado para discutir o assunto.

Isso depende de você. Eu me preocuparia com duas conseqüências:

- Perda de parte do tempo já curto que temos para passar aqui na Terra, desperdiçando-o.
- Encher os bolsos daqueles que perpetraram tamanha paródia intelectual.

E, francamente, ao contrário do que alguns tentam fazer você acreditar, não é necessário ler o livro ou assistir ao filme para se envolver com essas questões.

As questões são lineares e podem ser facilmente enumeradas — é só você percorrer o sumário no começo deste livro. Não existe nada na trama, no texto, na encenação ou filmagem dessas obras que amplie o conhecimento de alguém sobre esses pontos. Eles não emergem da habilidade de uma redação ou direção sutil. Eles são apresentados por personagens em discursos feitos a outra pessoa, antes de partirem para a próxima parte da caçada.

Livros como *Decodificando Da Vinci* fornecem uma sinopse da trama, e este pequeno livro completa aquele para desmascarar o engodo.

De todo modo, participe das conversas sobre esse filme. É uma oportunidade importante para explorar as verdades sobre a história dos primeiros cristãos. Não tenha nenhum medo desse diálogo. E quanto ao livro e ao filme? Como eu já disse: A vida é curta.

99. Eu gosto de ficção. Fico fascinado por ficção que verse sobre temas espirituais ou religiosos. Existe alguma coisa além de *O Código Da Vinci* que eu possa ler?

Certamente. E, para ser honesta, faríamos muito melhor se pegássemos metade do tempo que gastamos com *O Código Da Vinci* e o usássemos para ler e "conversar" sobre algumas das outras obras que vou mencionar a seguir. Esses escritores se prendem às questões *reais* de fé, sem provocar pseudo-histórias vazias:

- Fyodor Dostoiévski: *Os Irmãos Karamazov*; *Crime e Castigo*; *O Idiota*
- Graham Greene: *O Poder e a Glória*, *Fim de Caso*; *O Cerne da Questão*
- Evelyn Waugh: *Retorno a Brideshead*; *Helena*

- Flannery O'Connor: *Wise Blood*; *Collected Stories*; *The Habit of Being*
- Walker Percy: *The Moviegoer*; *Love in the Ruins*; *The Thanatos Syndrome*
- Muriel Spark: *Momento Mori*
- Brian Moore: *Catholics*; *Black Robe*
- François Mauriac: *Vipers' Tangle*; *A Woman of the Pharisees*
- George Bernanos: *Diário de um Sacerdote Interiorano*
- Edwin O'Connor: *The Edge of Sadness*
- J.F. Powers: *Morte D'Urban*
- Jon Hassler: *North of Hope*; *A Green Journey*
- Rumer Godden: *In This House of Brede*
- Myles Connolly: *Mr. Blue*
- Ron Hansen: *Mariette in Ecstasy*; *Atticus*

Se estiver interessado em confrontar a fé com o cinema, você deve tentar esses filmes:

- *A Paixão de Joana D'Arc* (1928)
- *A Missão* (1986)
- *Thérèse* (1986)
- *A Festa de Babete* (1987)

- *O Homem que não Vendeu sua Alma* (1966)
- *The Decalogue* (1988)
- *On the Waterfront* (1954)
- *The Apostle* (1998)

Esses são apenas alguns dos meus favoritos, mas há muitos outros. As questões de fé de tal modo fazem parte da vida humana, que forneceram temas de peso para uma série incontável de escritores e cineastas.

100. Qual o pior erro que aparece em *O Código Da Vinci*?

Há tantos que fica impossível escolher só um! A lista do que está certo nesse livro seria bem mais curta do que a relação do que está errado.

Entretanto, há um ponto que provavelmente é o "mais" errado, uma afirmação que permeia toda a obra e que pode realmente causar algum dano. *Durante todo o romance e o filme, alega-se que os textos gnósticos apresentavam um "Jesus mais humano", e que esse "Jesus mais humano" foi a figura que a Igreja decidiu abafar em fa-*

vor do seu modelo Todo-Divino-o-Tempo-Todo, o que supostamente cimentou o poder da instituição.

Então, o Jesus dos textos gnósticos é *mais* humano do que o Jesus dos Evangelhos e da Igreja?

É verdade?

Se você acredita nisso, então nunca leu um Evangelho.

Se você acredita nisso, então nunca pôs o pé numa igreja católica.

Por quê? Porque, como vimos antes, quando lê os textos gnósticos, você se vê diante da figura humana mais fantasmagórica, abstrata e — falando francamente — aborrecida que é possível imaginar. Ele caminha falando, falando e falando. Não sofre e, com certeza, não morre.

Mas quando você se senta e lê o Evangelho, vê o quê? Ou melhor, vê *quem*?

Você encontra um homem que nasceu de uma mulher, que, como diz o Evangelho de Lucas, "crescia em sabedoria" (2:52). Come com os amigos, faz visitas, entra em discussões, precisa se afastar das pessoas de vez em quando, chora e até mesmo tem medo. Ele morre. Em uma cruz, em agonia, ele morre.

Você vai me dizer *que isso* não é ser humano?

Pense também na iconografia cristã. Quais são as duas formas mais comuns de retratar Jesus que você vê em dois mil anos de arte devocional, por parte de uma Igreja que tem a "intenção" de abafar a humanidade de Jesus? Uma criança no colo da mãe e um homem sofrendo a agonia da morte.

Vai me dizer *que isso* não é ser humano?

Portanto, digo que aqueles que ficam encantados e obcecados com *O Código Da Vinci*, que acreditam em suas mentiras, estão sendo induzidos em erro. Porque a verdade é exatamente o reverso do que aquela obra quer que você acredite: Que a *Igreja Católica* é quem tem preservado, naquela misteriosa mas necessária tensão, a completa humanidade Daquele que ela também proclama como Senhor.

Às vezes fico imaginando por que as pessoas ficam tão fascinadas com o Jesus de *O Código Da Vinci* e por que ignoram tão resolutamente o Jesus que encontramos nos Evangelhos e por meio da Igreja; por que as pessoas não querem levar esse Jesus a sério; por que eles querem apenas varrê-lo da sua frente e se concentrar em sermões sobre luz interior, esotéricos, abstratos e prolixos, oferecidos por uma figura maçante.

Mas então eu volto para os Evangelhos e leio: Venda tudo o que tem e dê o dinheiro aos pobres... Ame os seus inimigos... Mate a fome... Vista os nus... Visite o prisioneiro... Bem-aventurados são os pobres... Bem-aventurados são aqueles que sofrem... Bem-aventurados os mansos de coração... O que você fizer aos outros, estará fazendo a mim... Os últimos serão os primeiros...

É claro. Sem surpresas. Não é de admirar o fato de não desejarmos que ele seja o Jesus verdadeiro. Sem nenhuma surpresa.

Confira todos os fatos que estão por trás da ficção no *best-seller* internacional, *Decodificando Da Vinci*.[*]

Enriqueça a sua coleção com um exemplar da obra que se segue e que põe em evidência exclusivamente a verdade, a lenda e as mentiras que envolvem Maria Madalena.

Uma leitura obrigatória sobre a premissa central de *Decodificando Da Vinci*! *Decodificando Maria Madalena*.[**]

---

[*] Publicado pela Editora Cultrix, São Paulo, 2004.
[**] Publicado pela Editora Cultrix, São Paulo, 2006.